Jörg Ringel / Kain ....

Buch für Senioren mit Demenz

360 einfache
Rechen-Rätsel
(Rechen-Spiele)

Beschäftigung,
Spaß, Denksport, Training

… konzentrieren, nachdenken, kombinieren,
nachvollziehen, rechnen …

Hinweis zur Haftung
Die im Buch veröffentlichten Gedanken und Empfehlungen basieren auf den Erfahrungen der Autoren und wurden intensiv erarbeitet und geprüft. Weder Autoren noch Verlag können für in diesem Buch gemachte Angaben Gewähr übernehmen. Es bleibt in Ihrer alleinigen Verantwortung als Leserin, als Leser jede der gemachten Angaben Ihrer eigenen Prüfung zu unterziehen. Auf die geltenden gesetzlichen Bestimmungen weisen wir ausdrücklich hin!

Bibliografische Information der Deutschen Nationalbibliothek
Die Deutsche Nationalbibliothek verzeichnet diese Publikation in der Deutschen Nationalbibliografie; detaillierte bibliografische Daten sind im Internet über https://portal.dnb.de abrufbar.

© Copyright 2022: Jörg Ringel / Ralf Hillmann
Herstellung und Verlag: BoD – Books on Demand, Norderstedt
Autoren: Jörg Ringel, Ralf Hillmann
Covergestaltung: Ralf Hillmann
Covermotiv: Gerd Altmann, Pixabay
ISBN: 9783755737711

Inhaltsverzeichnis

Über dieses Buch 6

Einfache Spielanleitung 7

Erweiterte Spielregel-Variante 11

Rechen-Rätsel / Schwierigkeitsstufe 1 13

Rechen-Rätsel / Schwierigkeitsstufe 2 30

Rechen-Rätsel / Schwierigkeitsstufe 3 45

Rechen-Rätsel / Schwierigkeitsstufe 4 74

Rechen-Rätsel / Schwierigkeitsstufe 5 82

Rechen-Rätsel / Schwierigkeitsstufe 6 98

Rechen-Rätsel / Schwierigkeitsstufe 7 105

Rätsel-Lösungen 110

Über dieses Buch

Liebe Leserinnen und Leser, in diesem Buch finden Sie 360 Rechen-Rätsel in sieben Schwierigkeitsstufen, die aufgrund ihrer Einfachheit für Senioren mit Demenz geeignet sind.

Je nach individueller Situation variieren die Befindlichkeiten und Kompetenzen von Menschen mit Demenz stark. Die Rechen-Rätsel sind zwar ganz bewusst einfach gestaltet worden, sie erfordern dennoch ein gewisses Maß an kognitiven Fähigkeiten. Sie sind einerseits als Training für den Kopf zu verstehen, sollen andererseits aber auch einfach die Aufmerksamkeit von negativen Gedanken und Verunsicherung auf etwas Herausforderndes und Erheiterndes lenken.

Schrift und Rätselfelder sind entsprechend groß und übersichtlich gestaltet, damit alles gut aufgenommen werden kann. Die verschiedenen Schwierigkeitsgrade ermöglichen es, sich nur mit jenen Aufgaben zu beschäftigen, die nicht überfordern. Die nachfolgende Spielanleitung ist schnell gelesen und schon kann der Rätselspaß beginnen.

Es grüßen herzlichst

Jörg Ringel und Ralf Hillmann

Einfache Spielanleitung

Jede einzelne Aufgabe besteht jeweils aus einem Spielfeld aus mehreren Kästchen. Auf jedem Spielfeld ist eine Rechenaufgabe dargestellt. Allerdings wurde diese in ihre Einzelteile zerlegt und auf dem Spielfeld verstreut. Es gilt immer zu überlegen, wie die Rechenschritte lauten, wenn man die einzelnen Teile in die richtige Reihenfolge bringt! Wir empfehlen, keine Lösungswege direkt im Buch zu notieren, damit Sie sich mit den Rechenaufgaben immer wieder aufs Neue beschäftigen können. Es reicht völlig aus, sich die Rechen-Rätsel in Ruhe anzuschauen, die Zahlen in Gedanken zu kombinieren, Lösungsschritte zu überlegen sowie schließlich einfach auszusprechen, wie die richtige Reihenfolge lautet.

Sie werden sehr bald merken, dass es hier vordergründig gar nicht zu sehr um das Errechnen der Lösungen geht, denn viele der Rätsel könnten theoretisch, ohne genauer nachzurechnen, gelöst werden. Sie ergeben sich einfach aus einer bestimmten Logik heraus. Für Menschen mit Demenz stellen die Rechen-Rätsel eine kognitive Betätigung dar, bei der es in erster Linie um Konzentrieren, Nachdenken, Erfassen, Kombinieren, Nachvollziehen, Rechnen, Motivieren, Ablenken, Aussprechen etc. geht. Für die meisten Aufgaben gibt es häufig zwei logische Rechenwege. Ganz gleich, für welchen Sie sich entscheiden, sobald er zu einem stimmigen Ergebnis führt, ist die Aufgabe richtig gelöst.

1. Beispiel zur Veranschaulichung:				
	=		2	
5		+		
				3

Im obigen Rätsel wurde die Rechenaufgabe in ihre fünf Teile zerlegt und auf dem Spielfeld verteilt. Die Frage ist: Wie könnten die Überlegungen zu den einzelnen Rechenschritten in richtiger Reihenfolge lauten?

Antwort:

1. Aha, das ist eine Plusrechnung, ich muss also zwei Zahlen zusammenrechnen, aus denen sich dann die dritte Zahl ergibt!
2. Mal sehen, ich überlege mal, welche Reihenfolge einen Sinn ergibt!
3. Aha, die Lösung lautet: 3 + 2 = 5

2. Beispiel zur Veranschaulichung:				
	4			
-			2	
		6		
				=

Wie könnten die Überlegungen zu den einzelnen Rechenschritten in richtiger Reihenfolge lauten?

Antwort:

1. Aha, das ist eine Minusrechnung, ich muss also eine Zahl von einer anderen abziehen, um die dritte Zahl zu ermitteln!
2. Mal sehen, ich überlege mal, welche Reihenfolge einen Sinn ergibt!
3. Aha, die Lösung lautet: 6 – 4 = 2

3. Beispiel zur Veranschaulichung:				
8		=		
			2	
	x			4

Wie könnten die Überlegungen zu den einzelnen Rechenschritten in richtiger Reihenfolge lauten?

Antwort:

1. Aha, das ist eine Malrechnung, ich muss also zwei Zahlen miteinander malnehmen, aus denen sich dann die dritte Zahl ergibt!
2. Mal sehen, ich überlege mal, welche Reihenfolge einen Sinn ergibt!
3. Aha, die Lösung lautet: 4 x 2 = 8

4. Beispiel zur Veranschaulichung:				
2				
		6		
	/		3	
=				

Wie könnten die Überlegungen zu den einzelnen Rechenschritten in richtiger Reihenfolge lauten?

Antwort:

1. Aha, das ist eine Geteiltrechnung, ich muss also eine Zahl durch eine andere teilen, um die dritte Zahl zu ermitteln!

2. Mal sehen, ich überlege mal, welche Reihenfolge einen Sinn ergibt!

3. Aha, die Lösung lautet: 6 / 3 = 2

Alle Aufgaben mit den Schwierigkeitsstufen 1 bis 5 bestehen jeweils aus 5 Einzelteilen.

Die Aufgaben mit den Schwierigkeitsstufen 6 und 7 bestehen jeweils aus 6 Einzelteilen.

Wenn Ihnen die Aufgabenstellung zu einfach erscheint, können Sie die Spielanleitung noch um eine weitere Regel erweitern. Siehe dazu die erweiterte Spielregel-Variante auf der nächsten Seite!

Erweiterte Spielregel-Variante

Wie bereits geschildert, lassen sich für die meisten Aufgaben unterschiedliche Rechenschritte finden.

Im 1. Beispiel zur Veranschaulichung (siehe Seite 8) sind folgende fünf Elemente auf dem Spielfeld verteilt:

5   2   3   =   +

Für diese Aufgabe gibt es zwei Lösungswege:

1. Möglichkeit: 3 + 2 = 5

2. Möglichkeit: 2 + 3 = 5

Im 2. Beispiel zur Veranschaulichung (siehe Seite 8) sind folgende fünf Elemente auf dem Spielfeld verteilt:

4   6   2   =   −

Auch für diese Aufgabe gibt es zwei Lösungswege:

1. Möglichkeit: 6 − 4 = 2

2. Möglichkeit: 6 − 2 = 4

Im 3. Beispiel zur Veranschaulichung (siehe Seite 9) sind folgende fünf Elemente auf dem Spielfeld verteilt:

8   2   4   =   x

Auch für diese Aufgabe gibt es zwei Lösungswege:

1. Möglichkeit: 4 x 2 = 8

2. Möglichkeit: 2 x 4 = 8

Im 4. Beispiel zur Veranschaulichung (siehe Seite 10) sind folgende fünf Elemente auf dem Spielfeld verteilt:

3   6   2   =   /

Auch für diese Aufgabe gibt es zwei Lösungswege:

1. Möglichkeit: 6 / 3 = 2

2. Möglichkeit: 6 / 2 = 3

Wenn Sie an die Rechen-Rätsel mit der einfachen Spielanleitung herangehen, sind beide möglichen Rechenwege erlaubt. Beide Möglichkeiten sind richtig!

Wenn Sie an die Rechen-Rätsel mit der erweiterten Spielregel-Variante herangehen, wird nur ein möglicher Rechenweg als richtige Lösung anerkannt.

Bei den Plusaufgaben ist nur der Rechenweg richtig, bei dem die erste Ziffer größer als die zweite ist.

Auch bei den Malaufgaben ist nur der Rechenweg richtig, bei dem die erste Ziffer größer als die zweite ist.

Bei den Minusaufgaben ist nur der Rechenweg richtig, bei dem die zweite Ziffer größer als die dritte ist.

Auch bei den Geteiltaufgaben ist nur der Rechenweg richtig, bei dem die zweite Ziffer größer als die dritte ist.

Die richtigen Lösungswege der erweiterten Spielregel-Variante sind auf der Seite 11 fett markiert.

Auch im Lösungsteil ganz hinten im Buch sind die für diese Spielvariante gültigen Rechenwege fett markiert.

Rechen-Rätsel / Schwierigkeitsstufe 1

>>>>>

Auf den folgenden Seiten finden Sie eine Auswahl an sehr einfachen Rechen-Rätseln. Es handelt sich dabei um Rechenaufgaben, die jeweils in ihre fünf Einzelteile zerlegt wurden.

Die Aufgabe ist immer:
Bringen Sie die Einzelteile der Rechenaufgaben in die richtige Reihenfolge! Beachten Sie hierbei auch die Spielregeln, die Sie ganz vorne im Buch unter „Einfache Spielanleitung" oder „Erweiterte Spielregel-Variante" nachlesen können.

Wenn es Ihnen leicht gelingt, diese Rechen-Rätsel zu lösen, können Sie sich anschließend den Rätseln mit der Schwierigkeitsstufe 2 zuwenden.

Sollte Ihnen das Lösen der Rätsel eher nicht so leicht fallen, legen Sie das Buch lieber zur Seite und probieren Sie es an einem anderen Tag noch einmal erneut.

1. Aufgabe:

	7			5
+				
		2		=

2. Aufgabe:

=			+	
		0		
1				
				1

3. Aufgabe:

2				
	−			
			5	
3		=		

4. Aufgabe:

	=			
2				1
			+	
		3		

5. Aufgabe:

6		7		
				1
	+			
		=		

6. Aufgabe:

				11
	1			
10		=	+	

7. Aufgabe:

	x			
				2
		2		
4			=	

8. Aufgabe:

0		+		
				=
	0		0	

9. Aufgabe:

	3		6	
				3
=			+	

10. Aufgabe:

		+		
				=
	3		7	
		10		

11. Aufgabe:

	x			=
9				3
		3		

12. Aufgabe:

			0	
=		0		
	−		0	

13. Aufgabe:

	2		4	
=		/		
				2

14. Aufgabe:

		5		
10			+	
	5			=

15. Aufgabe:

	=			
			5	
1		6		
	–			

16. Aufgabe:

		=		
	8			
6			–	
				2

17. Aufgabe:				
9		1		
				8
	=			
			−	

18. Aufgabe:				
	=			
−		10		
			3	
	7			

19. Aufgabe:				
				2
	−			
2				=
			4	

20. Aufgabe:				
			x	
	0			
				10
0		=		

21. Aufgabe:

	1			
			4	
3		+		=

22. Aufgabe:

	+			
				1
=			8	
	7			

23. Aufgabe:

			−	
	1			
		1		
=				0

24. Aufgabe:

4			2	
	+			
		2		=

25. Aufgabe:

			2	
	6			+
8		=		

26. Aufgabe:

	x		2	
				6
=		3		

27. Aufgabe:

	4		3	
7		+		
				=

28. Aufgabe:

8				
		4		+
	=			
			4	

29. Aufgabe:				
=			x	
	0			
0				5
30. Aufgabe:				
		6		
	/		3	
=				2
31. Aufgabe:				
	6			
		=		−
			7	
1				
32. Aufgabe:				
			=	
	3			
5		−		
				8

33. Aufgabe:

				2
	−			
		9		
7			=	

34. Aufgabe:

	10			
		9		
1			−	
	=			

35. Aufgabe:

		=		
	0			7
			+	
		7		

36. Aufgabe:

1				
	=			
5		+		4

37. Aufgabe:

1				
		9		
=			8	
	+			

38. Aufgabe:

				1
	1			
			x	
		=		1

39. Aufgabe:

	=		2	
3		+		
				5

40. Aufgabe:

+			=	
	7			
			2	
	9			

41. Aufgabe:

				1
	2			
			1	
=		−		

42. Aufgabe:

4		=		
			2	
	x			8

43. Aufgabe:

8		+		5
	3		=	

44. Aufgabe:

=				
	+		4	
		5		9

			45. Aufgabe:		
5			=		
		4		–	
	1				

			46. Aufgabe:		
		2			
	8				
			4		
=		/			

			47. Aufgabe:		
		9		–	
	=		6		
		3			

			48. Aufgabe:		
10		–			
			3		
	7			=	

49. Aufgabe:

				2
=		+		
	1			
			1	

50. Aufgabe:

			6	
	1			5
+				
			=	

51. Aufgabe:

=			
		1	
	+		
9		10	

52. Aufgabe:

			7	
=				
		x		
	1			7

53. Aufgabe:

	2			4
=		+		
			6	

54. Aufgabe:

			8	
		+		
	10			=
			2	

55. Aufgabe:

		=		
2				5
	x			
			10	

56. Aufgabe:

	6		=	
9				
	+			
			3	

57. Aufgabe:

10			=	
	4			
		+		
6				

58. Aufgabe:

				4
		−		
	0		4	
		=		

59. Aufgabe:

	4			
−			2	
		6		
				=

60. Aufgabe:

	4			−
		8		
=				4

61. Aufgabe:

7			−	
	=			
		2		9

62. Aufgabe:

	3		9	
3		/		
	=			

63. Aufgabe:

5			5	
	10			
			−	
=				

64. Aufgabe:

10			5	
	2			
			x	
=				

Rechen-Rätsel / Schwierigkeitsstufe 2

>>>>>

Auf den folgenden Seiten finden Sie eine Auswahl an sehr einfachen Rechen-Rätseln. Es handelt sich dabei um Rechenaufgaben, die jeweils in ihre fünf Einzelteile zerlegt wurden.

Die Aufgabe ist immer:
Bringen Sie die Einzelteile der Rechenaufgaben in die richtige Reihenfolge! Beachten Sie hierbei auch die Spielregeln, die Sie ganz vorne im Buch unter „Einfache Spielanleitung" oder „Erweiterte Spielregel-Variante" nachlesen können.

Wenn es Ihnen leicht gelingt, diese Rechen-Rätsel zu lösen, können Sie sich anschließend den Rätseln mit der Schwierigkeitsstufe 3 zuwenden.

Sollte Ihnen das Lösen der Rätsel eher nicht so leicht fallen, legen Sie das Buch lieber zur Seite und probieren Sie es an einem anderen Tag noch einmal erneut.

65. Aufgabe:

				12
6		x		
	2			
		=		

66. Aufgabe:

		13		
	+			
9			4	
	=			

67. Aufgabe:

	13		+	
	5		8	
				=

68. Aufgabe:

			=	
+		13		
7		6		

69. Aufgabe:

			6	
x	=			
		3		
	18			

70. Aufgabe:

	+			8
		8		
16			=	

71. Aufgabe:

	18			=
		9		
9				
			+	

72. Aufgabe:

+				
			10	
	10			
=				20

73. Aufgabe:

		=		
10			20	
	−			
				10

74. Aufgabe:

	30		10	
40				
		−		
	=			

75. Aufgabe:

		=		
7				14
	+		7	

76. Aufgabe:

10				
	−			=
			60	
	50			

77. Aufgabe:

10		80		
				70
	=		−	

78. Aufgabe:

			=	
	2			
9		+		11

79. Aufgabe:

	6		12	
				2
		x		
=				

80. Aufgabe:

10				20
		=		
	x			
			2	

81. Aufgabe:

10			13	
		+		
	=			3

82. Aufgabe:

				10
	+		=	
		4		
14				

83. Aufgabe:

	20		4	
5				
			=	
	x			

84. Aufgabe:

14				=
	5			
+			9	

85. Aufgabe:

				=
	8		+	
14			6	

86. Aufgabe:

8				
			7	
	+			
15		=		

87. Aufgabe:

				17
=		9		
			+	
8				

88. Aufgabe:

	−			10
=		12		2

89. Aufgabe:

			25	
10		–		
				15
		=		

90. Aufgabe:

	9			10
		+		
19			=	

91. Aufgabe:

	45			
			–	
10				
		35		

92. Aufgabe:

	–		55	
				=
65			10	

93. Aufgabe:

+			10	
	2		=	
12				

94. Aufgabe:

=				85
	−			
			10	
75				

95. Aufgabe:

14		2		7
x		=		

96. Aufgabe:

			4	
=		12		
		x		3

97. Aufgabe:				
		11		
	4		=	
		+		7

98. Aufgabe:				
	+			
6			5	
	11			
		=		

99. Aufgabe:				
	9		=	
		15		
	+		6	

100. Aufgabe:				
				9
	16			
		7		+
=				

		101. Aufgabe:		
		=		
11				
			8	
19		+		

		102. Aufgabe:		
	13			
	–		11	
2				=

		103. Aufgabe:		
10				
			20	
	30			
=				–

		104. Aufgabe:		
				10
15		5		
			=	
+				

				40
	–			
			50	
		10		=

105. Aufgabe:

106. Aufgabe:

			–	
	10			
		70		
=			60	

107. Aufgabe:

	–			10
		80		
90				
			=	

108. Aufgabe:

16		2		8
x			=	

109. Aufgabe:				
+				3
		=		
11				8

110. Aufgabe:				
5				
	x		3	
				=
	15			

111. Aufgabe:				
	12			=
		4		
+				
	8			

112. Aufgabe:				
12				
	+		7	
5		=		

113. Aufgabe:

12				6
	6			
			=	
+				

114. Aufgabe:

7				
				+
=		10		
			17	

115. Aufgabe:

18		=		
	8			
			+	
10				

116. Aufgabe:

10				15
	−			
5				
	=			

117. Aufgabe:

25				
			–	
	35			
=		10		

118. Aufgabe:

	6			
				=
16		+		
				10

119. Aufgabe:

		10		
–			=	
		55		
45				

120. Aufgabe:

				75
	65			
–				
		10		=

44

Rechen-Rätsel / Schwierigkeitsstufe 3

>>>>>

Auf den folgenden Seiten finden Sie eine Auswahl an einfachen Rechen-Rätseln. Es handelt sich dabei um Rechenaufgaben, die jeweils in ihre fünf Einzelteile zerlegt wurden.

Die Aufgabe ist immer:
Bringen Sie die Einzelteile der Rechenaufgaben in die richtige Reihenfolge! Beachten Sie hierbei auch die Spielregeln, die Sie ganz vorne im Buch unter „Einfache Spielanleitung" oder „Erweiterte Spielregel-Variante" nachlesen können.

Wenn es Ihnen leicht gelingt, diese Rechen-Rätsel zu lösen, können Sie sich anschließend den Rätseln mit der Schwierigkeitsstufe 4 zuwenden.

Sollte Ihnen das Lösen der Rätsel eher nicht so leicht fallen, legen Sie das Buch lieber zur Seite und probieren Sie es an einem anderen Tag noch einmal erneut.

121. Aufgabe:

		35		
10				25
	+		=	

122. Aufgabe:

		30		
x				10
			3	
	=			

123. Aufgabe:

				75
	+		10	
65		=		

124. Aufgabe:

	10			
			8	
80				
	=			x

125. Aufgabe:

10			=	
				13
	23		+	

126. Aufgabe:

	8			
			5	
x		40		
				=

127. Aufgabe:

45		+		
				10
=		55		

128. Aufgabe:

		–		20
60				
			40	
	=			

129. Aufgabe:

95				=
	85			
			10	
+				

130. Aufgabe:

24				
		+		11
=		13		

131. Aufgabe:

3		=		
			12	
	/			
				4

132. Aufgabe:

15		=		
			/	
		3		
				5

133. Aufgabe:

55				
	20		=	
	+		35	

134. Aufgabe:

=		+		75
			20	
55				

135. Aufgabe:

	75			20
=		95		+

136. Aufgabe:

100		5		
20		=		x

137. Aufgabe:

7				
	/		21	
		3		=

138. Aufgabe:

30				
		=		
	+			
40				70

139. Aufgabe:

		+		
				=
	30			
90			60	

140. Aufgabe:

+		40		
				95
	45			
			=	

141. Aufgabe:

	20			
			−	
				20
40		=		

142. Aufgabe:

+		=		
			50	
100		50		

143. Aufgabe:

	−		40	
=				
	50			10

144. Aufgabe:

		20		
−				
		=		
50			70	

145. Aufgabe:

20				
			+	
		100		
	=			120

146. Aufgabe:

	160		=	
60				
	+		100	

147. Aufgabe:

=				100
		–		
70				
			30	

148. Aufgabe:

10				
			/	
	100			10
		=		

149. Aufgabe:

4				
				=
		x		
28				7

150. Aufgabe:

	10			
x			5	
50		=		

151. Aufgabe:

10		=		
				9
	90		x	

152. Aufgabe:

		=		
+				
		10		
14				24

153. Aufgabe:

		=		
30			10	
	+			
		40		

154. Aufgabe:

		=		
50				+
		10		60

155. Aufgabe:

		10		
	–			
			30	
40				=

156. Aufgabe:

80			70	
	10			
		=		
+				

		157. Aufgabe:		
	90			100
			+	
	10			
		=		
		158. Aufgabe:		
		25		
14				=
			11	
	+			
		159. Aufgabe:		
+		40		
			20	
	20			
		=		
		160. Aufgabe:		
				60
	+			
		40		
20	=			

161. Aufgabe:				
			+	
				=
	60			
80			20	

162. Aufgabe:				
			=	
	20			
				80
+		100		

163. Aufgabe:				
			2	
50				
		25		=
x				

164. Aufgabe:				
5				
	/			5
			25	
	=			

	165. Aufgabe:			
	=		30	
75				
	45		+	

	166. Aufgabe:			
65				
		=		
	30			
+				95

	167. Aufgabe:			
+				90
		40		
50			=	

	168. Aufgabe:			
30				=
		−		
			40	
	70			

		169. Aufgabe:		
		101		+
1				
			100	
	=			
		170. Aufgabe:		
	+			=
			130	
	100			
			30	
		171. Aufgabe:		
	70			
			+	
=		170		100
		172. Aufgabe:		
				=
50		100		
	–			50

173. Aufgabe:

/				=
			4	
	100			
			25	

174. Aufgabe:

21			=	
	3			
			7	
x				

175. Aufgabe:

		=		
40			4	
		x		10

176. Aufgabe:

10		=		
				6
	x		60	

177. Aufgabe:

		12		
+				
			10	
	22	=		

178. Aufgabe:

15				
		=		
	10			
25		+		

179. Aufgabe:

	45		+	
35				
		=		10

180. Aufgabe:

		10		=
55				
		65		+

181. Aufgabe:

=				
			+	
	75			
85			10	

182. Aufgabe:

	x			
			10	
		100		
	10			=

183. Aufgabe:

			=	
11				11
		22		
	+			

184. Aufgabe:

24		+		
			12	
=				
	12			

185. Aufgabe:

			=	
	/			
		20		
5				4

186. Aufgabe:

45				
		+		
				25
20			=	

187. Aufgabe:

65				
	+			
			20	
	45			=

188. Aufgabe:

		+		
	20			
			65	
85		=		

		189. Aufgabe:		
100		=		
			x	
	25			
		4		

		190. Aufgabe:		
+				
60		30		
	=			30

		191. Aufgabe:		
			+	
50				30
	80		=	

		192. Aufgabe:		
		100		
70				30
			+	
		=		

	193. Aufgabe:			
	40			
+				55
	95		=	

	194. Aufgabe:			
=				
		−		
40				45
		5		

	195. Aufgabe:			
		10		
	/			50
5		=		

	196. Aufgabe:			
30		=		
			−	
	60			
				30

197. Aufgabe:				
100				5
	+			
=			105	

198. Aufgabe:				
			100	
140				
		40		+
	=			

199. Aufgabe:				
				=
180		+		
	100			80

200. Aufgabe:				
99				
	–		=	
1			100	

201. Aufgabe:

=		30		
			−	
	100			
				70

202. Aufgabe:

	/			2
		100		
50			=	

203. Aufgabe:

3				24
	=		x	
		8		

204. Aufgabe:

		+		=
	50			
			10	
40				

205. Aufgabe:

70			x	
	7			
		=		10

206. Aufgabe:

		=		
	60			+
70		10		

207. Aufgabe:

20			+	
	10			=
30				

208. Aufgabe:

		5		30
=		x		6

209. Aufgabe:

+				=
	10		80	
90				

210. Aufgabe:

	12			+
		11		
=			23	

211. Aufgabe:

13				
		=		12
+			25	

212. Aufgabe:

			=	
	10			/
20		2		

213. Aufgabe:				
				50
	30			
			20	
=		+		

214. Aufgabe:				
+			=	
	20			
70			50	

215. Aufgabe:				
70				
		90		
	=			20
		+		

216. Aufgabe:				
20		40		=
	x		2	

217. Aufgabe:

	20		5	
		25		
=				−

218. Aufgabe:

				=
65		35		
				30
	+			

219. Aufgabe:

		30		
+				
			55	
85				=

220. Aufgabe:

40			80	
		40		
	+			
=				

70

		221. Aufgabe:		
60		100		
			+	
	40			
		=		

		222. Aufgabe:		
=		20		50
	30		–	

		223. Aufgabe:		
	=			2
x		50		
	100			

		224. Aufgabe:		
		/		
50				
	10			
5			=	

225. Aufgabe:				
40				
		–		20
	60		=	
226. Aufgabe:				
50				
		150		
	+			
=				100
227. Aufgabe:				
=				110
		100		
+				
			10	
228. Aufgabe:				
	+			
			100	
90				190
		=		

229. Aufgabe:

	90		=	
−			100	
				10

230. Aufgabe:

			5	
	100			
			−	
=		95		

231. Aufgabe:

			+	
		=		
	10			
		21		11

232. Aufgabe:

				+
		197		
				2
	=		199	

Rechen-Rätsel / Schwierigkeitsstufe 4

>>>>>

Auf den folgenden Seiten finden Sie eine Auswahl an einfachen Rechen-Rätseln. Es handelt sich dabei um Rechenaufgaben, die jeweils in ihre fünf Einzelteile zerlegt wurden.

Die Aufgabe ist immer:
Bringen Sie die Einzelteile der Rechenaufgaben in die richtige Reihenfolge! Beachten Sie hierbei auch die Spielregeln, die Sie ganz vorne im Buch unter „Einfache Spielanleitung" oder „Erweiterte Spielregel-Variante" nachlesen können.

Wenn es Ihnen leicht gelingt, diese Rechen-Rätsel zu lösen, können Sie sich anschließend den Rätseln mit der Schwierigkeitsstufe 5 zuwenden.

Sollte Ihnen das Lösen der Rätsel eher nicht so leicht fallen, legen Sie das Buch lieber zur Seite und probieren Sie es an einem anderen Tag noch einmal erneut.

233. Aufgabe:				
				20
	200			
x				
		10		=
234. Aufgabe:				
100				200
		=		
			100	
	+			
235. Aufgabe:				
=				
	5			
		100		
x				500
236. Aufgabe:				
100				
	300		200	
=				
		+		

		237. Aufgabe:		
175		=		
	200			
			–	
25				

		238. Aufgabe:		
		50		
–				
			200	
	=			150

		239. Aufgabe:		
10				200
	/			
20		=		

		240. Aufgabe:		
250			–	
		150		
400				

241. Aufgabe:				
50				
	500		10	
=		x		

242. Aufgabe:				
=				200
		225		
25				+

243. Aufgabe:				
	350			
			150	
200				
	+			=

244. Aufgabe:				
150				50
	–			
		200		
=				

245. Aufgabe:				
0				
	200			–
		200		
=				

246. Aufgabe:				
			150	
		–		
250				
	=			400

247. Aufgabe:				
=			50	
	10			
500		x		

248. Aufgabe:				
250		200		
			+	
50		=		

249. Aufgabe:

		+		
200		=		
	400			200

250. Aufgabe:

	200			
125				
			−	
75		=		

251. Aufgabe:

50				250
	−		300	
		=		

252. Aufgabe:

1				
	100		=	
x		100		

253. Aufgabe:				
75				275
			200	
=		+		
254. Aufgabe:				
	100			=
–				
	100		200	
255. Aufgabe:				
=		/		200
2		100		
256. Aufgabe:				
500				250
		=		
250				+

257. Aufgabe:

				50
	350		–	
=		300		

258. Aufgabe:

400				
			25	
	–			
375				=

259. Aufgabe:

	1		499	
500				
		=		
+				

260. Aufgabe:

=				
	5		–	
	495		500	

Rechen-Rätsel / Schwierigkeitsstufe 5

>>>>>

Auf den folgenden Seiten finden Sie eine Auswahl an einfachen Rechen-Rätseln. Es handelt sich dabei um Rechenaufgaben, die jeweils in ihre fünf Einzelteile zerlegt wurden.

Die Aufgabe ist immer:
Bringen Sie die Einzelteile der Rechenaufgaben in die richtige Reihenfolge! Beachten Sie hierbei auch die Spielregeln, die Sie ganz vorne im Buch unter „Einfache Spielanleitung" oder „Erweiterte Spielregel-Variante" nachlesen können.

Wenn es Ihnen leicht gelingt, diese Rechen-Rätsel zu lösen, können Sie sich anschließend den Rätseln mit der Schwierigkeitsstufe 6 zuwenden.

Sollte Ihnen das Lösen der Rätsel eher nicht so leicht fallen, legen Sie das Buch lieber zur Seite und probieren Sie es an einem anderen Tag noch einmal erneut.

261. Aufgabe:				
	250		=	
550				
	+		300	

262. Aufgabe:				
+		=		
			400	
	125			525

263. Aufgabe:				
500				100
		=		
	600			+

264. Aufgabe:				
				500
250		–		
	250		=	

265. Aufgabe:

			+	
	775			
				275
500			=	

266. Aufgabe:

		500		=
	x			
1000				2

267. Aufgabe:

		/		
500				
		=		
	5			100

268. Aufgabe:

+			=	
	600			
875			275	

269. Aufgabe:

		=		300
600				
	300		−	

270. Aufgabe:

			=	
+				
		700		
100				800

271. Aufgabe:

		+		
				975
275				
	=			700

272. Aufgabe:

=				
	700			400
300		−		

273. Aufgabe:

925				
	+		=	
125		800		

274. Aufgabe:

	=			
−			800	
	600			200

275. Aufgabe:

975				+
	=			
75			900	

276. Aufgabe:

50				950
	−			
	=		1000	

277. Aufgabe:

	=		−	
1000		700		
				300

278. Aufgabe:

	1000			=
998				
	−			2

279. Aufgabe:

10		100		
	x			1000
			=	

280. Aufgabe:

100		=		200
	/			
			2	

		281. Aufgabe:		
		=		300
	300			
			+	
600				

	282. Aufgabe:			
	800		500	
+				
	300		=	

	283. Aufgabe:			
=				
	–			200
300		500		

	284. Aufgabe:			
125		725		
			600	
+				
	=			

		285. Aufgabe:		
+				
		900		300
	600			=

		286. Aufgabe:		
400		=		
				600
	–			
			200	

		287. Aufgabe:		
	+			
			825	
125				
	=			700

		288. Aufgabe:		
			=	
700				
		1000		
+				300

289. Aufgabe:

	=			−
		750		
800				50

290. Aufgabe:

900				
				100
		1000		
+				=

291. Aufgabe:

				50
	850		900	
−				
				=

292. Aufgabe:

100			900	
	1000			
=			−	

293. Aufgabe:				
400				
		1000		
=				600
			–	

294. Aufgabe:				
		200		800
–				
		1000		=

295. Aufgabe:				
				=
	/			
500				
		1000		2

296. Aufgabe:				
	2			400
			200	
=				x

297. Aufgabe:				
				300
650				
			350	
	=			+
298. Aufgabe:				
250				
				650
	+			
=			400	
299. Aufgabe:				
	650			500
			=	
+				
		150		
300. Aufgabe:				
900		+		
			400	
	500			=

301. Aufgabe:

			−	
	400			100
=				500

302. Aufgabe:

2				500
		/		
=			250	

303. Aufgabe:

				50
−				
		700		
650			=	

304. Aufgabe:

	+		800	
850				
	50		=	

				825
305. Aufgabe:				
				825
900		=		
				−
		75		

306. Aufgabe:				
−			=	
		500		
	1000			500

307. Aufgabe:				
			100	
		−		
900				1000
	=			

308. Aufgabe:				
			10	
1000		=		
				/
		100		

94

309. Aufgabe:				
	2			
x			500	
				=
		250		
310. Aufgabe:				
	350			
−			500	
				=
		150		
311. Aufgabe:				
		50		
500				
			/	
	=			10
312. Aufgabe:				
				100
−				
		600		500
=				

313. Aufgabe:

+		750		=
700				50

314. Aufgabe:

	950		700	
+				=
		250		

315. Aufgabe:

	700			
=				600
		–		
100				

316. Aufgabe:

675				=
		800		
				–
			125	

317. Aufgabe:

+				
	=			900
950		50		

318. Aufgabe:

100				
		–		800
	900			
=				

319. Aufgabe:

	=			
–			250	
750				1000

320. Aufgabe:

600				
			–	
=				400
	1000			

Rechen-Rätsel / Schwierigkeitsstufe 6

>>>>>

Auf den folgenden Seiten finden Sie eine Auswahl an einfachen Rechen-Rätseln. Es handelt sich dabei um Rechenaufgaben, die jeweils in sechs Einzelteile zerlegt wurden.

Die Aufgabe ist immer:
Bringen Sie die Einzelteile der Rechenaufgaben in die richtige Reihenfolge! Beachten Sie hierbei auch die Spielregeln, die Sie ganz vorne im Buch unter „Einfache Spielanleitung" oder „Erweiterte Spielregel-Variante" nachlesen können.

Wenn es Ihnen leicht gelingt, diese Rechen-Rätsel zu lösen, können Sie sich anschließend den Rätseln mit der Schwierigkeitsstufe 7 zuwenden.

Sollte Ihnen das Lösen der Rätsel eher nicht so leicht fallen, legen Sie das Buch lieber zur Seite und probieren Sie es an einem anderen Tag noch einmal erneut.

		321. Aufgabe:		
6				1
			9	
−				
		+		= 4
		322. Aufgabe:		
+				
			5	
	= 7			
3		1		−
		323. Aufgabe:		
	= 5		+	
				4
7				
		−		2
		324. Aufgabe:		
−		8		= 6
	4			
		10		
				+

		325. Aufgabe:		
3		10		= 8
	+			
15		–		
		326. Aufgabe:		
	–			2
			12	
+				
	4		= 14	
		327. Aufgabe:		
6				+
	14			
			–	
= 9				11
		328. Aufgabe:		
+				
	0		= 5	
12				
		–		7

100

329. Aufgabe:

= 14			–	
		7		
	3			10
		+		

330. Aufgabe:

	= 9		5	
				–
			7	
+		7		

331. Aufgabe:

–		8		
			6	
	+			
8				= 10

332. Aufgabe:

= 17				+
		19		–
6			4	

333. Aufgabe:				
6			9	
	−			
		18		
+				= 15
334. Aufgabe:				
		+		1
	−			
			11	
= 17		7		
335. Aufgabe:				
+			= 18	
	1			
		−		16
			3	
336. Aufgabe:				
	= 12			
−			+	
5		9		2

337. Aufgabe:

+		8		= 12
		–		
16				4

338. Aufgabe:

	17		2	= 18
+			1	
	–			

339. Aufgabe:

	15		3	
				+
= 11			–	
				7

340. Aufgabe:

	+			
–			4	
15		= 16		3

341. Aufgabe:

	= 12			–
	3		13	
+				2

342. Aufgabe:

				3
	= 14		–	
7		18		+

343. Aufgabe:

		+		
–			= 9	
	17			
2				10

344. Aufgabe:

			+	
	5			
			–	
20		= 17		2

Rechen-Rätsel / Schwierigkeitsstufe 7

>>>>>

Auf den folgenden Seiten finden Sie eine Auswahl an einfachen Rechen-Rätseln. Es handelt sich dabei um Rechenaufgaben, die jeweils in sechs Einzelteile zerlegt wurden.

Die Aufgabe ist immer:
Bringen Sie die Einzelteile der Rechenaufgaben in die richtige Reihenfolge! Beachten Sie hierbei auch die Spielregeln, die Sie ganz vorne im Buch unter „Einfache Spielanleitung" oder „Erweiterte Spielregel-Variante" nachlesen können.

Sollte Ihnen das Lösen der Rätsel nicht so leicht fallen, blättern Sie im Buch zurück und probieren Sie es mit einem niedrigeren Schwierigkeitsgrad oder legen Sie das Buch zur Seite und versuchen Sie es an einem anderen Tag noch einmal erneut.

345. Aufgabe:				
		= 24		
	–			4
25		3		+

346. Aufgabe:				
20				2
		–		
	= 33			
+		15		

347. Aufgabe:				
				20
		50		
= 60				–
	+		10	

348. Aufgabe:				
25			+	
	–			10
= 90		75		

349. Aufgabe:

–		+		
	= 130			50
100			20	

350. Aufgabe:

100		200		
	+			–
25			= 125	

351. Aufgabe:

5				
			250	
–	200			
		+		= 55

352. Aufgabe:

100				–
		20		
= 380				
	+		300	

353. Aufgabe:

	= 500		+	
200		–	300	
				400

354. Aufgabe:

250				+
–		500		
	300			= 550

355. Aufgabe:

		200		–
+				
			= 600	
	440			40

356. Aufgabe:

	–			
		50		+
400				
		300		= 650

357. Aufgabe:				
−				= 600
		+		
610		50		40
358. Aufgabe:				
100			−	
		= 800		
				50
750			+	
359. Aufgabe:				
		100		900
	−			
			= 850	
50				+
360. Aufgabe:				
		800		
900				−
+		= 1000		700

Rätsel-Lösungen

Rechen-Rätsel / Schwierigkeitsstufe 1

Nr. 1: **5 + 2 = 7** oder 2 + 5 = 7
Nr. 2: **1 + 0 = 1** oder 0 + 1 = 1
Nr. 3: **5 − 3 = 2** oder 5 − 2 = 3
Nr. 4: **2 + 1 = 3** oder 1 + 2 = 3
Nr. 5: **6 + 1 = 7** oder 1 + 6 = 7
Nr. 6: **10 + 1 = 11** oder 1 + 10 = 11
Nr. 7: **2 x 2 = 4**
Nr. 8: **0 + 0 = 0**
Nr. 9: **3 + 3 = 6**
Nr.10: **7 + 3 = 10** oder 3 + 7 = 10
Nr. 11: **3 x 3 = 9**
Nr. 12: **0 − 0 = 0**
Nr. 13: **4 / 2 = 2**
Nr. 14: **5 + 5 = 10**
Nr. 15: **6 − 5 = 1** oder 6 − 1 = 5
Nr. 16: **8 − 6 = 2** oder 8 − 2 = 6
Nr. 17: **9 − 8 = 1** oder 9 − 1 = 8
Nr. 18: **10 − 7 = 3** oder 10 − 3 = 7
Nr. 19: **4 − 2 = 2**
Nr. 20: **10 x 0 = 0** oder 0 x 10 = 0
Nr. 21: **3 + 1 = 4** oder 1 + 3 = 4
Nr. 22: **7 + 1 = 8** oder 1 + 7 = 8
Nr. 23: **1 − 1 = 0** oder 1 − 0 = 1
Nr. 24: **2 + 2 = 4**
Nr. 25: **6 + 2 = 8** oder 2 + 6 = 8
Nr. 26: **3 x 2 = 6** oder 2 x 3 = 6
Nr. 27: **4 + 3 = 7** oder 3 + 4 = 7
Nr. 28: **4 + 4 = 8**

Nr. 29:	**5 x 0 = 0** oder 0 x 5 = 0
Nr. 30:	**6 / 3 = 2** oder 6 / 2 = 3
Nr. 31:	**7 – 6 = 1** oder 7 – 1 = 6
Nr. 32:	**8 – 5 = 3** oder 8 – 3 = 5
Nr. 33:	**9 – 7 = 2** oder 9 – 2 = 7
Nr. 34:	**10 – 9 = 1** oder 10 – 1 = 9
Nr. 35:	**7 + 0 = 7** oder 0 + 7 = 7
Nr. 36:	**4 + 1 = 5** oder 1 + 4 = 5
Nr. 37:	**8 + 1 = 9** oder 1 + 8 = 9
Nr. 38:	**1 x 1 = 1**
Nr. 39:	**3 + 2 = 5** oder 2 + 3 = 5
Nr. 40:	**7 + 2 = 9** oder 2 + 7 = 9
Nr. 41:	**2 – 1 = 1**
Nr. 42:	**4 x 2 = 8** oder 2 x 4 = 8
Nr. 43:	**5 + 3 = 8** oder 3 + 5 = 8
Nr. 44:	**5 + 4 = 9** oder 4 + 5 = 9
Nr. 45:	**5 – 4 = 1** oder 5 – 1 = 4
Nr. 46:	**8 / 4 = 2** oder 8 / 2 = 4
Nr. 47:	**9 – 6 = 3** oder 9 – 3 = 6
Nr. 48:	**10 – 7 = 3** oder 10 – 3 = 7
Nr. 49:	**1 + 1 = 2**
Nr. 50:	**5 + 1 = 6** oder 1 + 5 = 6
Nr. 51:	**9 + 1 = 10** oder 1 + 9 = 10
Nr. 52:	**7 x 1 = 7** oder 1 x 7 = 7
Nr. 53:	**4 + 2 = 6** oder 2 + 4 = 6
Nr. 54:	**8 + 2 = 10** oder 2 + 8 = 10
Nr. 55:	**5 x 2 = 10** oder 2 x 5 = 10
Nr. 56:	**6 + 3 = 9** oder 3 + 6 = 9
Nr. 57:	**6 + 4 = 10** oder 4 + 6 = 10
Nr. 58:	**4 – 4 = 0** oder 4 – 0 = 4
Nr. 59:	**6 – 4 = 2** oder 6 – 2 = 4
Nr. 60:	**8 – 4 = 4**

Nr. 61:	**9 – 7 = 2** oder 9 – 2 = 7
Nr. 62:	**9 / 3 = 3**
Nr. 63:	**10 – 5 = 5**
Nr. 64:	**5 x 2 = 10** oder 2 x 5 = 10

Rechen-Rätsel / Schwierigkeitsstufe 2

Nr. 65:	**6 x 2 = 12** oder 2 x 6 = 12
Nr. 66:	**9 + 4 = 13** oder 4 + 9 = 13
Nr. 67:	**8 + 5 = 13** oder 5 + 8 = 13
Nr. 68:	**7 + 6 = 13** oder 6 + 7 = 13
Nr. 69:	**6 x 3 = 18** oder 3 x 6 = 18
Nr. 70:	**8 + 8 = 16**
Nr. 71:	**9 + 9 = 18**
Nr. 72:	**10 + 10 = 20**
Nr. 73:	**20 – 10 = 10**
Nr. 74:	**40 – 30 = 10** oder 40 – 10 = 30
Nr. 75:	**7 + 7 = 14**
Nr. 76:	**60 – 50 = 10** oder 60 – 10 = 50
Nr. 77:	**80 – 70 = 10** oder 80 – 10 = 70
Nr. 78:	**9 + 2 = 11** oder 2 + 9 = 11
Nr. 79:	**6 x 2 = 12** oder 2 x 6 = 12
Nr. 80:	**10 x 2 = 20** oder 2 x 10 = 20
Nr. 81:	**10 + 3 = 13** oder 3 + 10 = 13
Nr. 82:	**10 + 4 = 14** oder 4 + 10 = 14
Nr. 83:	**5 x 4 = 20** oder 4 x 5 = 20
Nr. 84:	**9 + 5 = 14** oder 5 + 9 = 14
Nr. 85:	**8 + 6 = 14** oder 6 + 8 = 14
Nr. 86:	**8 + 7 = 15** oder 7 + 8 = 15
Nr. 87:	**9 + 8 = 17** oder 8 + 9 = 17
Nr. 88:	**12 – 10 = 2** oder 12 – 2 = 10
Nr. 89:	**25 – 15 = 10** oder 25 – 10 = 15

Nr. 90:	**10 + 9 = 19** oder 9 + 10 = 19
Nr. 91:	**45 – 35 = 10** oder 45 – 10 = 35
Nr. 92:	**65 – 55 = 10** oder 65 – 10 = 55
Nr. 93:	**10 + 2 = 12** oder 2 + 10 = 12
Nr. 94:	**85 – 75 = 10** oder 85 – 10 = 75
Nr. 95:	**7 x 2 = 14** oder 2 x 7 = 14
Nr. 96:	**4 x 3 = 12** oder 3 x 4 = 12
Nr. 97:	**7 + 4 = 11** oder 4 + 7 = 11
Nr. 98:	**6 + 5 = 11** oder 5 + 6 = 11
Nr. 99:	**9 + 6 = 15** oder 6 + 9 = 15
Nr. 100:	**9 + 7 = 16** oder 7 + 9 = 16
Nr. 101:	**11 + 8 = 19** oder 8 + 11 = 19
Nr. 102:	**13 – 11 = 2** oder 13 – 2 = 11
Nr. 103:	**30 – 20 = 10** oder 30 – 10 = 20
Nr. 104:	**10 + 5 = 15** oder 5 + 10 = 15
Nr. 105:	**50 – 40 = 10** oder 50 – 10 = 40
Nr. 106:	**70 – 60 = 10** oder 70 – 10 = 60
Nr. 107:	**90 – 80 = 10** oder 90 – 10 = 80
Nr. 108:	**8 x 2 = 16** oder 2 x 8 = 16
Nr. 109:	**8 + 3 = 11** oder 3 + 8 = 11
Nr. 110:	**5 x 3 = 15** oder 3 x 5 = 15
Nr. 111:	**8 + 4 = 12** oder 4 + 8 = 12
Nr. 112:	**7 + 5 = 12** oder 5 + 7 = 12
Nr. 113:	**6 + 6 = 12**
Nr. 114:	**10 + 7 = 17** oder 7 + 10 = 17
Nr. 115:	**10 + 8 = 18** oder 8 + 10 = 18
Nr. 116:	**15 – 10 = 5** oder 15 – 5 = 10
Nr. 117:	**35 – 25 = 10** oder 35 – 10 = 25
Nr. 118:	**10 + 6 = 16** oder 6 + 10 = 16
Nr. 119:	**55 – 45 = 10** oder 55 – 10 = 45
Nr. 120:	**75 – 65 = 10** oder 75 – 10 = 65

Rechen-Rätsel / Schwierigkeitsstufe 3

Nr. 121: **25 + 10 = 35** oder 10 + 25 = 35
Nr. 122: **10 x 3 = 30** oder 3 x 10 = 30
Nr. 123: **65 + 10 = 75** oder 10 + 65 = 75
Nr. 124: **10 x 8 = 80** oder 8 x 10 = 80
Nr. 125: **13 + 10 = 23** oder 10 + 13 = 23
Nr. 126: **8 x 5 = 40** oder 5 x 8 = 40
Nr. 127: **45 + 10 = 55** oder 10 + 45 = 55
Nr. 128: **60 – 40 = 20** oder 60 – 20 = 40
Nr. 129: **85 + 10 = 95** oder 10 + 85 = 95
Nr. 130: **13 + 11 = 24** oder 11 + 13 = 24
Nr. 131: **12 / 4 = 3** oder 12 / 3 = 4
Nr. 132: **15 / 5 = 3** oder 15 / 3 = 5
Nr. 133: **35 + 20 = 55** oder 20 + 35 = 55
Nr. 134: **55 + 20 = 75** oder 20 + 55 = 75
Nr. 135: **75 + 20 = 95** oder 20 + 75 = 95
Nr. 136: **20 x 5 = 100** oder 5 x 20 = 100
Nr. 137: **21 / 7 = 3** oder 21 / 3 = 7
Nr. 138: **40 + 30 = 70** oder 30 + 40 = 70
Nr. 139: **60 + 30 = 90** oder 30 + 60 = 90
Nr. 140: **45 + 40 = 95** oder 40 + 45 = 95
Nr. 141: **40 – 20 = 20**
Nr. 142: **50 + 50 = 100**
Nr. 143: **50 – 40 = 10** oder 50 – 10 = 40
Nr. 144: **70 - 50 = 20** oder 70 – 20 = 50
Nr. 145: **100 + 20 = 120** oder 20 + 100 = 120
Nr. 146: **100 + 60 = 160** oder 60 + 100 = 160
Nr. 147: **100 – 70 = 30** oder 100 – 30 = 70
Nr. 148: **100 / 10 = 10**
Nr. 149: **7 x 4 = 28** oder 4 x 7 = 28
Nr. 150: **10 x 5 = 50** oder 5 x 10 = 50
Nr. 151: **10 x 9 = 90** oder 9 x 10 = 90

Nr. 152:   **14 + 10 = 24** oder 10 + 14 = 24
Nr. 153:   **30 + 10 = 40** oder 10 + 30 = 40
Nr. 154:   **50 + 10 = 60** oder 10 + 50 = 60
Nr. 155:   **40 – 30 = 10** oder 40 – 10 = 30
Nr. 156:   **70 + 10 = 80** oder 10 + 70 = 80
Nr. 157:   **90 + 10 = 100** oder 10 + 90 = 100
Nr. 158:   **14 + 11 = 25** oder 11 + 14 = 25
Nr. 159:   **20 + 20 = 40**
Nr. 160:   **40 + 20 = 60** oder 20 + 40 = 60
Nr. 161:   **60 + 20 = 80** oder 20 + 60 = 80
Nr. 162:   **80 + 20 = 100** oder 20 + 80 = 100
Nr. 163:   **25 x 2 = 50** oder 2 x 25 = 50
Nr. 164:   **25 / 5 = 5**
Nr. 165:   **45 + 30 = 75** oder 30 + 45 = 75
Nr. 166:   **65 + 30 = 95** oder 30 + 65 = 95
Nr. 167:   **50 + 40 = 90** oder 40 + 50 = 90
Nr. 168:   **70 – 40 = 30** oder 70 – 30 = 40
Nr. 169:   **100 + 1 = 101** oder 1 + 100 = 101
Nr. 170:   **100 + 30 = 130** oder 30 + 100 = 130
Nr. 171:   **100 + 70 = 170** oder 70 + 100 = 170
Nr. 172:   **100 – 50 = 50**
Nr. 173:   **100 / 25 = 4** oder 100 / 4 = 25
Nr. 174:   **7 x 3 = 21** oder 3 x 7 = 21
Nr. 175:   **10 x 4 = 40** oder 4 x 10 = 40
Nr. 176:   **10 x 6 = 60** oder 6 x 10 = 60
Nr. 177:   **12 + 10 = 22** oder 10 + 12 = 22
Nr. 178:   **15 + 10 = 25** oder 10 + 15 = 25
Nr. 179:   **35 + 10 = 45** oder 10 + 35 = 45
Nr. 180:   **55 + 10 = 65** oder 10 + 55 = 65
Nr. 181:   **75 + 10 = 85** oder 10 + 75 = 85
Nr. 182:   **10 x 10 = 100**
Nr. 183:   **11 + 11 = 22**

Nr. 184:   **12 + 12 = 24**
Nr. 185:   **20 / 5 = 4** oder 20 / 4 = 5
Nr. 186:   **25 + 20 = 45** oder 20 + 25 = 45
Nr. 187:   **45 + 20 = 65** oder 20 + 45 = 65
Nr. 188:   **65 + 20 = 85** oder 20 + 65 = 85
Nr. 189:   **25 x 4 = 100** oder 4 x 25 = 100
Nr. 190:   **30 + 30 = 60**
Nr. 191:   **50 + 30 = 80** oder 30 + 50 = 80
Nr. 192:   **70 + 30 = 100** oder 30 + 70 = 100
Nr. 193:   **55 + 40 = 95** oder 40 + 55 = 95
Nr. 194:   **45 − 40 = 5** oder 45 − 5 = 40
Nr. 195:   **50 / 10 = 5** oder 50 / 5 = 10
Nr. 196:   **60 − 30 = 30**
Nr. 197:   **100 + 5 = 105** oder 5 + 100 = 105
Nr. 198:   **100 + 40 = 140** oder 40 + 100 = 140
Nr. 199:   **100 + 80 = 180** oder 80 + 100 = 180
Nr. 200:   **100 − 99 = 1** oder 100 − 1 = 99
Nr. 201:   **100 − 70 = 30** oder 100 − 30 = 70
Nr. 202:   **100 / 50 = 2** oder 100 / 2 = 50
Nr. 203:   **8 x 3 = 24** oder 3 x 8 = 24
Nr. 204:   **40 + 10 = 50** oder 10 + 40 = 50
Nr. 205:   **10 x 7 = 70** oder 7 x 10 = 70
Nr. 206:   **60 + 10 = 70** oder 10 + 60 = 70
Nr. 207:   **20 + 10 = 30** oder 10 + 20 = 30
Nr. 208:   **6 x 5 = 30** oder 5 x 6 = 30
Nr. 209:   **80 + 10 = 90** oder 10 + 80 = 90
Nr. 210:   **12 + 11 = 23** oder 11 + 12 = 23
Nr. 211:   **13 + 12 = 25** oder 12 + 13 = 25
Nr. 212:   **20 / 10 = 2** oder 20 / 2 = 10
Nr. 213:   **30 + 20 = 50** oder 20 + 30 = 50
Nr. 214:   **50 + 20 = 70** oder 20 + 50 = 70
Nr. 215:   **70 + 20 = 90** oder 20 + 70 = 90

Nr. 216:   **20 x 2 = 40** oder 2 x 20 = 40
Nr. 217:   **25 – 20 = 5** oder 25 – 5 = 20
Nr. 218:   **35 + 30 = 65** oder 30 + 35 = 65
Nr. 219:   **55 + 30 = 85** oder 30 + 55 = 85
Nr. 220:   **40 + 40 = 80**
Nr. 221:   **60 + 40 = 100** oder 40 + 60 = 100
Nr. 222:   **50 – 30 = 20** oder 50 – 20 = 30
Nr. 223:   **50 x 2 = 100** oder 2 x 50 = 100
Nr. 224:   **50 / 10 = 5** oder 50 / 5 = 10
Nr. 225:   **60 – 40 = 20** oder 60 – 20 = 40
Nr. 226:   **100 + 50 = 150** oder 50 + 100 = 150
Nr. 227:   **100 + 10 = 110** oder 10 + 100 = 110
Nr. 228:   **100 + 90 = 190** oder 90 + 100 = 190
Nr. 229:   **100 – 90 = 10** oder 100 – 10 = 90
Nr. 230:   **100 – 95 = 5** oder 100 – 5 = 95
Nr. 231:   **11 + 10 = 21** oder 10 + 11 = 21
Nr. 232:   **197 + 2 = 199** oder 2 + 197 = 199

Rechen-Rätsel / Schwierigkeitsstufe 4

Nr. 233:   **20 x 10 = 200** oder 10 x 20 = 200
Nr. 234:   **100 + 100 = 200**
Nr. 235:   **100 x 5 = 500** oder 5 x 100 = 500
Nr. 236:   **200 + 100 = 300** oder 100 + 200 = 300
Nr. 237:   **200 – 175 = 25** oder 200 – 25 = 175
Nr. 238:   **200 – 150 = 50** oder 200 – 50 = 150
Nr. 239:   **200 / 20 = 10** oder 200 / 10 = 20
Nr. 240:   **400 – 250 = 150** oder 400 – 150 = 250
Nr. 241:   **50 x 10 = 500** oder 10 x 50 = 500
Nr. 242:   **200 + 25 = 225** oder 25 + 200 = 225
Nr. 243:   **200 + 150 = 350** oder 150 + 200 = 350
Nr. 244:   **200 – 150 = 50** oder 200 – 50 = 150

Nr. 245:	**200 − 200 = 0** oder 200 − 0 = 200
Nr. 246:	**400 − 250 = 150** oder 400 − 150 = 250
Nr. 247:	**50 x 10 = 500** oder 10 x 50 = 500
Nr. 248:	**200 + 50 = 250** oder 50 + 200 = 250
Nr. 249:	**200 + 200 = 400**
Nr. 250:	**200 − 125 = 75** oder 200 − 75 = 125
Nr. 251:	**300 − 250 = 50** oder 300 − 50 = 250
Nr. 252:	**100 x 1 = 100** oder 1 x 100 = 100
Nr. 253:	**200 + 75 = 275** oder 75 + 200 = 275
Nr. 254:	**200 − 100 = 100**
Nr. 255:	**200 / 100 = 2** oder 200 / 2 = 100
Nr. 256:	**250 + 250 = 500**
Nr. 257:	**350 − 300 = 50** oder 350 − 50 = 300
Nr. 258:	**400 − 375 = 25** oder 400 − 25 = 375
Nr. 259:	**499 + 1 = 500** oder 1 + 499 = 500
Nr. 260:	**500 − 495 = 5** oder 500 − 5 = 495

Rechen-Rätsel / Schwierigkeitsstufe 5

Nr. 261:	**300 + 250 = 550** oder 250 + 300 = 550
Nr. 262:	**400 + 125 = 525** oder 125 + 400 = 525
Nr. 263:	**500 + 100 = 600** oder 100 + 500 = 600
Nr. 264:	**500 − 250 = 250**
Nr. 265:	**500 + 275 = 775** oder 275 + 500 = 775
Nr. 266:	**500 x 2 = 1000** oder 2 x 500 = 1000
Nr. 267:	**500 / 100 = 5** oder 500 / 5 = 100
Nr. 268:	**600 + 275 = 875** oder 275 + 600 = 875
Nr. 269:	**600 − 300 = 300**
Nr. 270:	**700 + 100 = 800** oder 100 + 700 = 800
Nr. 271:	**700 + 275 = 975** oder 275 + 700 = 975
Nr. 272:	**700 − 400 = 300** oder 700 − 300 = 400
Nr. 273:	**800 + 125 = 925** oder 125 + 800 = 925

Nr. 274:	**800 – 600 = 200** oder 800 – 200 = 600
Nr. 275:	**900 + 75 = 975** oder 75 + 900 = 975
Nr. 276:	**1000 – 950 = 50** oder 1000 – 50 = 950
Nr. 277:	**1000 – 700 = 300** oder 1000 – 300 = 700
Nr. 278:	**1000 – 998 = 2** oder 1000 – 2 = 998
Nr. 279:	**100 x 10 = 1000** oder 10 x 100 = 1000
Nr. 280:	**200 / 100 = 2** oder 200 / 2 = 100
Nr. 281:	**300 + 300 = 600**
Nr. 282:	**500 + 300 = 800** oder 300 + 500 = 800
Nr. 283:	**500 – 300 = 200** oder 500 – 200 = 300
Nr. 284:	**600 + 125 = 725** oder 125 +600 = 725
Nr. 285:	**600 + 300 = 900** oder 300 + 600 = 900
Nr. 286:	**600 – 400 = 200** oder 600 – 200 = 400
Nr. 287:	**700 + 125 = 825** oder 125 + 700 = 825
Nr. 288:	**700 + 300 = 1000** oder 300 + 700 = 1000
Nr. 289:	**800 – 750 = 50** oder 800 – 50 = 750
Nr. 290:	**900 + 100 = 1000** oder 100 + 900 = 1000
Nr. 291:	**900 – 850 = 50** oder 900 – 50 = 850
Nr. 292:	**1000 – 900 = 100** oder 1000 – 100 = 900
Nr. 293:	**1000 – 600 = 400** oder 1000 – 400 = 600
Nr. 294:	**1000 – 800 = 200** oder 1000 – 200 = 800
Nr. 295:	**1000 / 500 = 2** oder 1000 / 2 = 500
Nr. 296:	**200 x 2 = 400** oder 2 x 200 = 400
Nr. 297:	**350 + 300 = 650** oder 300 + 350 = 650
Nr. 298:	**400 + 250 = 650** oder 250 + 400 = 650
Nr. 299:	**500 + 150 = 650** oder 150 + 500 = 650
Nr. 300:	**500 + 400 = 900** oder 400 + 500 = 900
Nr. 301:	**500 – 400 = 100** oder 500 – 100 = 400
Nr. 302:	**500 / 250 = 2** oder 500 / 2 = 250
Nr. 303:	**700 – 650 = 50** oder 700 – 50 = 650
Nr. 304:	**800 + 50 = 850** oder 50 + 800 = 850
Nr. 305:	**900 – 825 = 75** oder 900 – 75 = 825

Nr. 306:   **1000 – 500 = 500**
Nr. 307:   **1000 – 900 = 100** oder 1000 – 100 = 900
Nr. 308:   **1000 / 100 = 10** oder 1000 / 10 = 100
Nr. 309:   **250 x 2 = 500** oder 2 x 250 = 500
Nr. 310:   **500 – 350 = 150** oder 500 – 150 = 350
Nr. 311:   **500 / 50 = 10** oder 500 / 10 = 50
Nr. 312:   **600 – 500 = 100** oder 600 – 100 = 500
Nr. 313:   **700 + 50 = 750** oder 50 + 700 = 750
Nr. 314:   **700 + 250 = 950** oder 250 + 700 = 950
Nr. 315:   **700 – 600 = 100** oder 700 – 100 = 600
Nr. 316:   **800 – 675 = 125** oder 800 – 125 = 675
Nr. 317:   **900 + 50 = 950** oder 50 + 900 = 950
Nr. 318:   **900 – 800 = 100** oder 900 – 100 = 800
Nr. 319:   **1000 – 750 = 250** oder 1000 – 250 = 750
Nr. 320:   **1000 – 600 = 400** oder 1000 – 400 = 600

Rechen-Rätsel / Schwierigkeitsstufe 6

Nr. 321:   **9 – 6 + 1 = 4** (mehrere Möglichkeiten)
Nr. 322:   **5 + 3 – 1 = 7** (mehrere Möglichkeiten)
Nr. 323:   **7 – 4 + 2 = 5** (mehrere Möglichkeiten)
Nr. 324:   **10 – 8 + 4 = 6** (mehrere Möglichkeiten)
Nr. 325:   **15 – 10 + 3 = 8** (mehrere Möglichkeiten)
Nr. 326:   **12 + 4 – 2 = 14** (mehrere Möglichkeiten)
Nr. 327:   **14 – 11 + 6 = 9** (mehrere Möglichkeiten)
Nr. 328:   **12 – 7 + 0 = 5** (mehrere Möglichkeiten)
Nr. 329:   **10 + 7 – 3 = 14** (mehrere Möglichkeiten)
Nr. 330:   **7 + 7 – 5 = 9** (mehrere Möglichkeiten)
Nr. 331:   **8 + 8 – 6 = 10** (mehrere Möglichkeiten)
Nr. 332:   **19 – 6 + 4 = 17** (mehrere Möglichkeiten)
Nr. 333:   **18 – 9 + 6 = 15** (mehrere Möglichkeiten)
Nr. 334:   **11 + 7 – 1 = 17** (mehrere Möglichkeiten)

Nr. 335:   **16 + 3 – 1 = 18** (mehrere Möglichkeiten)
Nr. 336:   **9 + 5 – 2 = 12** (mehrere Möglichkeiten)
Nr. 337:   **16 – 8 + 4 = 12** (mehrere Möglichkeiten)
Nr. 338:   **17 + 2 – 1 = 18** (mehrere Möglichkeiten)
Nr. 339:   **15 – 7 + 3 = 11** (mehrere Möglichkeiten)
Nr. 340:   **15 + 4 – 3 = 16** (mehrere Möglichkeiten)
Nr. 341:   **13 – 3 + 2 = 12** (mehrere Möglichkeiten)
Nr. 342:   **18 – 7 + 3 = 14** (mehrere Möglichkeiten)
Nr. 343:   **17 – 10 + 2 = 9** (mehrere Möglichkeiten)
Nr. 344:   **20 – 5 + 2 = 17** (mehrere Möglichkeiten)

Rechen-Rätsel / Schwierigkeitsstufe 7

Nr. 345:   **25 – 4 + 3 = 24** (mehrere Möglichkeiten)
Nr. 346:   **20 + 15 – 2 = 33** (mehrere Möglichkeiten)
Nr. 347:   **50 + 20 – 10 = 60** (mehrere Möglichkeiten)
Nr. 348:   **75 + 25 – 10 = 90** (mehrere Möglichkeiten)
Nr. 349:   **100 + 50 – 20 = 130** (m. Möglichkeiten)
Nr. 350:   **200 – 100 + 25 = 125** (m. Möglichkeiten)
Nr. 351:   **250 – 200 + 5 = 55** (m. Möglichkeiten)
Nr. 352:   **300 + 100 – 20 = 380** (m. Möglichkeiten)
Nr. 353:   **400 + 300 – 200 = 500** m. Möglichkeiten)
Nr. 354:   **500 + 300 – 250 = 550** (m. Möglichkeiten)
Nr. 355:   **440 + 200 – 40 = 600** (m. Möglichkeiten)
Nr. 356:   **400 + 300 – 50 = 650** (m. Möglichkeiten)
Nr. 357:   **610 – 50 + 40 = 600** (m. Möglichkeiten)
Nr. 358:   **750 + 100 – 50 = 800** (m. Möglichkeiten)
Nr. 359:   **900 – 100 + 50 = 850** (m. Möglichkeiten)
Nr. 360:   **900 + 800 – 700 = 1000** (m. Möglichkeiten)

Lightning Source UK Ltd.
Milton Keynes UK
UKHW010911080223
416610UK00014B/1496